ANDY DONALDSON

NOCH MEHR MAKLERFOTOS AUS DER HÖLLE

DIE SCHLIMMSTEN IMMOBILIENFOTOS DER WELT

Aus dem Englischen von Viola Krauß

DUMONT

FSC
www.fsc.org
MIX
Papier aus verantwortungsvollen Quellen
FSC® C084279

German edition published by
arrangement with Eulama Lit. Ag.

Satz: Laura Heither
Umschlaggestaltung: Birgit Haermeyer
Druck und Verarbeitung: Print Consult GmbH, München
Gedruckt auf säurefreiem und chlorfrei gebleichtem Papier

Printed in Slovakia
ISBN 978-3-8321-9969-2
www.dumont-buchverlag.de

Einleitung

Trotz der Schrecken des Klimawandels, der Polarisierung der politischen Kultur und des weiteren Fortbestehens des *Eurovision Song Contest* hat uns niemals die Hoffnung verlassen, dass irgendwann doch noch alles gut wird.

Damit ist es nun vorbei.

Mit *Noch mehr Maklerfotos aus der Hölle* erreicht uns die eindringliche Mahnung, dass Dummheit, Faulheit, mieser Geschmack, schlechte Hygiene und Gartenstühle der Einsamkeit nie fort waren. Und sie existieren nicht nur weiter – sie werden auch weiterhin von Immobilienmaklern abgelichtet, die glauben, wir merken es nicht.

Bleibt uns nur, dies fassungslos mit anzusehen und uns zu fragen: »Ist das ein hunderfünfzig Zentimeter langer, aufblasbarer Penis?«

In manchen Kulturen wird der Wunsch nach Privatsphäre als Schwäche betrachtet.

Die Technik hat es Bauunternehmern nun ermöglicht, komplett zweidimensionale Häuser zu erschaffen und zu verkaufen.

Wir haben uns auf einer Telekommunikationskonferenz in Hannover kennengelernt.

Ideal für Paare, die sich nicht gerne in die Augen schauen.

Bitte begeben Sie sich auf das Oberdeck, wo Ihnen ein Rettungsboot zugewiesen wird.

Wir empfehlen, den Großteil Ihrer Möbel in den Ostflügel zu stellen, und hoffen, dass dies die Dinge wieder in Balance bringt.

Der Gewinn eines Jahresbedarfs an Bier hat den Erwitts offenbar
nicht das erhoffte Glück gebracht.

Befindet sich derzeit in der engeren Auswahl für den jämmerlichsten Arbeitsplatz der Welt.

Gundelfinger Paradox nannte ein Immobilienmakler das philosophische Problem einer Tür, die sich beim Schließen öffnet.

Bist du gekommen, um uns zu retten oder
um dich uns anzuschließen?

Der Gewinner des Wettbewerbs »Finde das Klo« darf sich erleichtern und sich die Hände waschen.

Mir ganz egal, was es ist. Hauptsache, es kann nicht rein.

Zu verkaufen: rätselhafter mehrdimensionaler Innenbereich einer Weltraumstation.

Die Einrichtung des Millennium Falken hatte ich mir irgendwie spannender vorgestellt.

Filmidee: Marie-Antoinette reist in die 1990er-Jahre und zieht mit einem Affenpiraten zusammen.

Käufern wird empfohlen, den Kühlschrank an Ort und Stelle zu belassen.

Norwegisches Poolbillard.
Schwarz gewinnt.

Die Immobilie ist günstig entlang
einiger sich überschneidender
Verwerfungslinien gelegen.

Wir nennen diesen Stil »Bordell der Trauer«.

Eine äußerst interessante Farbgebung, die sonst eher für die Kennzeichnung von radioaktiven Stoffen genutzt wird.

Nicht nur, dass das Feuer nicht wärmt, ich glaube, es zeigt mir auch noch den Stinkefinger.

Es gibt sogar eine Geheimgarage.

Und einen Geheimtresor. Er steht neben meinem Schreibtisch.

Bis Gerd die Kamera für die Gartenaufnahme eingerichtet hatte, konnte sich
ein Baum selbst aussäen und zur vollen Größe aufwachsen.

Abgesehen davon, dass sie eines der Nachbarskinder gefressen haben, sind sie erstaunlich gut erzogen.

Sobald sie ganz ausgewachsen war, hatte Helma die Hütte beim Versteckspielen so ihre Mühe.

Bin gleich bei dir, packe nur noch schnell den Rest der 70er ein.

Bevor wir Oma einladen, müssen wir noch über die Hecken sprechen.

Das Zimmer des traurigen Ventilators.

Die vorherigen Besitzer wussten, wie man sich in Szene setzt.

Wir brauchen neues Toilettenpapier. Und Stifte.

Jede Nacht träumte die Prinzessin davon, nicht in einem furchtbar hässlich angemalten Zimmer zu leben.

Unsere Reinigungskraft hat uns gerade unverständlicherweise
wegen seelischer Belastung verklagt.

Es kommt vor, dass man bei Besichtigungen auf
zurückgelassene Ex-Bewohner trifft.

Ganz ehrlich, der Pool hat uns ein bisschen enttäuscht.

Ernst wusste, dass er bei seinen Bemühungen um das perfekt gekochte Ei ganz schön würde herumprobieren müssen.

Großzügig angelegtes Bad mit
Waschgelegenheit für
zwei Personen.

Betten finden selbst die höflichsten
und aufgeschlossensten Stühle
absolut furchterregend.

Wirklichkeitsgetreue Darstellung der mühsamen Versuche, sich besoffen einen Tee zu machen.

Wenn es gute Laune hat, lässt sich das darin lebende Unterwassermonster
auch gerne aus der Hand füttern.

Eine Hommage an meine verstorbene Frau, die immer davon träumte, eine stümperhaft gezeichnete, fragwürdig geformte Meerjungfrau zu sein.

Frühes Beispiel des Post-Erdbeben-Innendesign-Stils.

Wenn das Ding aus Versehen in den Staubsauger gerät, könnte es ihn unter Umständen beschädigen.

Die Deinhards haben einen Profi engagiert, um ihren Garten
im angesagten Tornado-Look zu stylen.

Insbesondere in kälteren Regionen erfreuen sich innen-
liegende Balkone zunehmender Beliebtheit.

Die Notausstiegsluke ermöglicht den Zugang zur unendlichen Leere.

Bedauerlicherweise hat die Garage seit Neuestem abends geschlossen.

Wohlhabendere Möbel können sich die Unterbringung in einer Seniorenresidenz leisten, wo sie gemeinsam mit anderen Sesseln und Sofas in Erinnerungen an ihre Jugend schwelgen.

Langsam, aber sicher plante Ted seine nächste Mordserie in Paris.

Drinnen wartet eine ganz besondere Geburtstagsüberraschung.

Wenn sich Großwildjäger und Prinzessin das Ankleidezimmer teilen müssen.

◁ … und hier das Zimmer, in dem wir alles aufbewahren, was wir kaputtgemacht haben.

▷ Bei diesem Garten geraten all diejenigen in nostalgische Verzückung, die bereits Bekanntschaft mit einem Gefängnishof gemacht haben.

Stefans Chili-Abende machten umfangreiche Vorsichtsmaßnahmen erforderlich.

Wenn *Die Prinzessin auf der Erbse* in einer viktorianischen Crackhöhle gespielt hätte.

Das Ablichten von Badezimmern wurde für Peter quasi ein Ding der Unmöglichkeit, nachdem er eine Angst vor Pastellfarben entwickelt hatte.

◁ Die Immobilie stößt bereits auf reges Interesse bei potenziellen Eindringlingen.

▷ Erinnere mich daran, dass ich am Wochenende den Himmel mähen muss.

Die örtliche Kriminalitätsrate lässt sich größtenteils auf 3 bis 4 Ihrer zukünftigen Nachbarn zurückführen

▷ Das ist das Zimmer, in dem ich einige meiner schlimmsten Migräneattacken hatte.

◁ Irgendetwas sagte Sarah, dass sie mehr als die üblichen acht Stunden geschlafen hatte.

Auf die Große Pest von London im Jahr 1665 folgte die weniger berühmte Beulen-Bruchbudenpest im Jahr 1704.

Bin nicht ganz sicher, ob die Stelle so gut geeignet ist. Wie wäre es doch mit dem Badezimmer?

Inzwischen wird weithin angenommen, dass die alten Ägypter ein Faible für unterirdische Industrie-Hallenbäder hatten.

Ich denke, eine Mülltonne wird nicht reichen.

Blockhaus. Unmöbliert. Entwicklungspotenzial.

Experten raten davon ab, junge Schaukelpferde unbeaufsichtigt zu lassen.

Ob uns die Farben stören? Welche Farben?

Man hat mir gesagt, dieser Lösungsansatz bei Unternehmensstreitigkeiten verursache zwar ein wenig Sauerei, sei aber hocheffektiv.

Die Tür, durch die gerade die letzte Hoffnung entfleucht ist.

Zuhause ist dort, wo ~~das Herz~~ der riesige aufblasbare Penis ist.

Was gibt es Heimeligeres als eine kopflose Schaufensterpuppe mit Federboa?

Fußabtreter wirken einfach traditioneller und unter Umständen sogar einladender.

Sicherheitshinweis: Jegliche sexuelle Aktivität geschieht auf eigene Gefahr.

Im Keller haben Sie jede Menge Stauraum, und falls Sie dort einen unserer Makler finden, geben Sie uns bitte Bescheid.

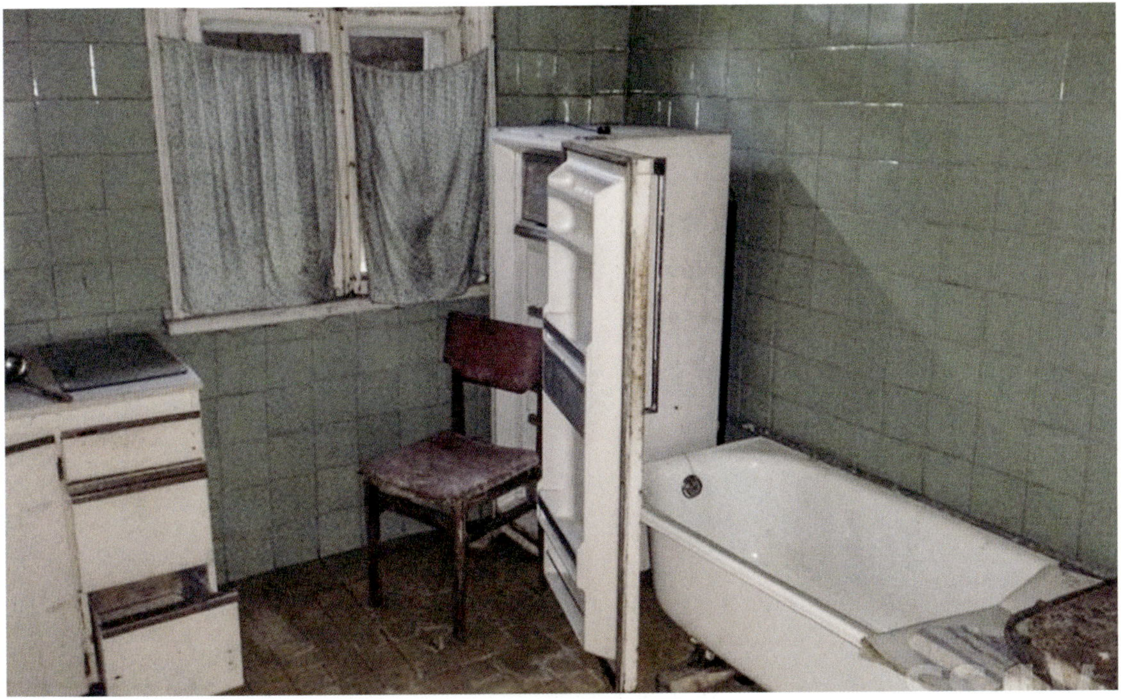

Bodo lächelte jedes Mal in sich hinein, wenn er an all das Geld dachte, dass er durch den Verzicht auf eine Klimaanlage sparte.

Nenne es ruhig ein Regal. Für uns ist es das Zwischengeschoss.

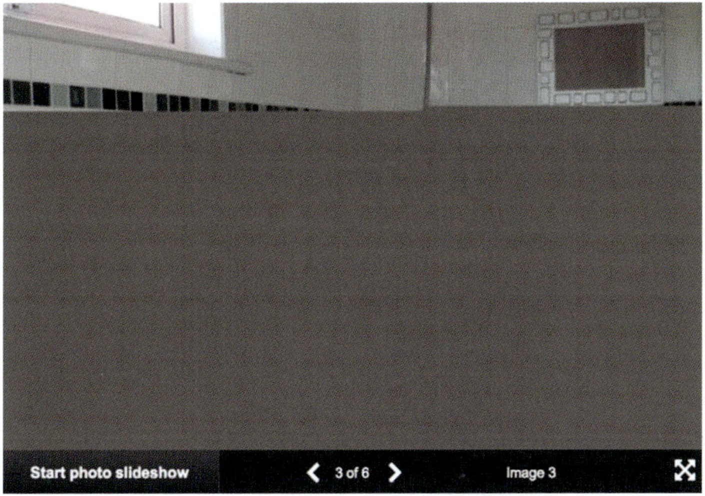

◁ Bitte haben Sie einen Moment Geduld, bis Ihre Immobilie heruntergeladen wird.

▷ »Der Gärtner wäre dann hier.« »Sagen Sie ihm, wir sind gleich fertig. Fünf Minuten noch.«

◁ Tipp: Warten Sie, bis die Spurensicherung ihre Arbeit erledigt und alles eingepackt hat, bevor Sie die Immobilie auf den Markt bringen.

▷ Der Großteil des Anwesens ist modern, nur der Garten stammt aus den 70ern.

Denkt dran: Wenn der Pfarrer klingelt, ist das Bad außer Betrieb.

◁ Spart Heizkosten, lässt sich aber nur ganz schwer anzünden.

▷ Lassen Sie sich von den Krallenspuren bitte nicht abschrecken. Man geht davon aus, dass die Bestie ein Dorf weiter gezogen ist.

»Als ich so alt war wie du, wollte ich Raumschiff werden.«

Irgendwann wurden Erics Schusterpalme die Ausdünstungen einfach zu viel.

Die erste Maklerin stimmte mit den Verkäufern nicht überein, womit Letztere nicht ganz so gut umgehen konnten.

Besuchszeit ist zwischen 10 und 12 Uhr, danach wird der Strom wieder eingeschaltet.

Wie die Eindringlinge sich Zugang verschafft haben, ist laut Polizeibericht noch immer unklar.

Lass uns bitte mal überlegen, wie wir den Flügel ins Musikzimmer kriegen.

Echt seltsam, immer wenn ich ins Bett gehe, werde ich seekrank.

Die derzeitigen Eigentümer möchten nicht bedürftig wirken,
aber sie sind komplett verzweifelt.

Werden sie zu früh von der Mutter getrennt, können sich junge Feuerlöscher nur schwer anpassen.

Teilmöbliert

Da er zum Matratzensammeln übergegangen ist, haben wir für Rolfs Briefmarkensammlung nun keinen Platz mehr.

Immobilienmakler raten gemeinhin dazu, Tapeten anzubringen, um die Käufer
durch Verwirrung und Desorientierung gefügig zu machen.

»Die Mistkerle haben nicht mal eine Nachsendeadresse dagelassen«, sagte Pu der Bär.

Immer wieder erstaunlich, wie ein eigentlich langweiliges Zimmer durch ein bisschen Deko an Charme gewinnt.

Sie sagt, sie komme erst wieder runter, wenn Sie den Kühlschrankinhalt in Reih und Glied gebracht haben.

Ein schöner Platz für verregnete Sommer.

Das war das letzte Mal, dass sich ein Gartenstuhl der Einsamkeit mit einem der örtlichen Blumentöpfe angelegt hat.

Die Vorhänge hätten wir schon mal, jetzt muss nur noch das Fenster geliefert werden.

Es ist einfach eine nette Geste, den nächsten Mietern eine kleine Botschaft zu hinterlassen.

»Und du kommst wirklich gleich wieder?«

Den Sommer über verdiente sich Santa mit dem
Entrümpeln von Dachböden etwas dazu.

In den Garten muss man noch ein wenig Arbeit investieren. Wir gehen davon aus, dass dann auch der ein oder andere Vermisstenfall gelöst wird.

Schon komisch, wenn wir bei Oma übernachten, wollen die Kinder immer im Wohnzimmer schlafen.

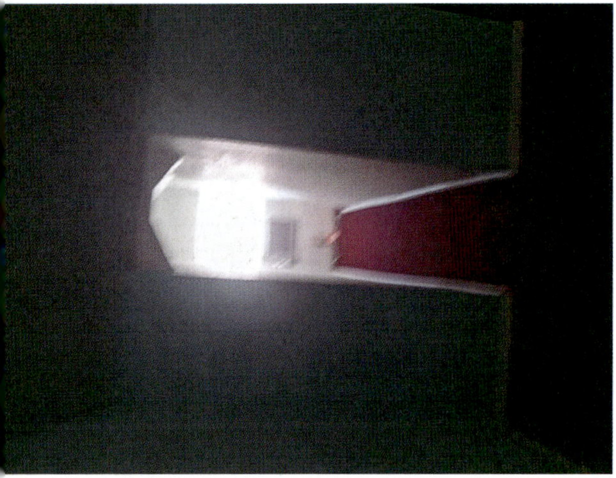

Bisweilen gelingt es Immobilienmaklern, Besucher aus dem All zu fotografieren.

Zu verkaufen: Chemiewaffenlabor.
Nach einigen erfolgreichen Experimenten jetzt verfügbar.

Die Andersons waren so stolz auf Emmas Noten in der vierten Klasse,
dass sie sie ausstopfen ließen.

Ich stehe erst auf, wenn du das Fenster gegen irgendwas Realistisches ausgetauscht hast.

Wir überlegen, ob wir nächstes Jahr auch den Garten tapezieren sollen.

Nicht nötig, dass Sie uns erzählen, wozu Sie Messer im Badezimmer brauchen – danke.

Statt aufzuräumen, mauern wir die unordentlichen Stellen einfach zu.

◁ Nachdem sie sich monatelang im Abfluss versteckt hatten, wagten sie endlich den Schritt nach vorn.

▷ Im Sommer ist dieser Garten ein echtes Schmuckstück.

Als die Party sich dem Ende näherte, machte sich ein Lautsprecher betrunken an ein Bügelbrett heran.

Mutiger Ansatz, beim Dach anzufangen und von da nach unten zu bauen.

Als er sich einmal dazu entschlossen hatte zu gehen, konnte auch der Herd den Kühlschrank nicht aufhalten.

Als sie endlich ihren großen Durchbruch hatte, ließ sich
die eingetopfte Konifere ganz schön hängen.

Die Mülltonnen-Großfamilie nebenan unternimmt jeden Sonntag etwas gemeinsam.

Irgendwann hatten die Ruhlands die Pogo-Partys obendrüber satt.

Der Garten bietet den Kindern zahlreiche Gelegenheiten, sich zu verletzen und sich ein breites Spektrum an Krankheiten einzufangen.

Seltene Aufnahme aus der Neuverfilmung von *Jagd auf die Poseidon*, die in Kürze in die Kinos kommt.

Es gibt sogar eine Garderobe
für Ihren Schnurrbart.

Hier wird uns die Küche aus der Perspektive
einer Scheibe Schinken präsentiert.

Wenn Sie bitte nicht ausschließlich die rechte Ecke würdigen könnten …

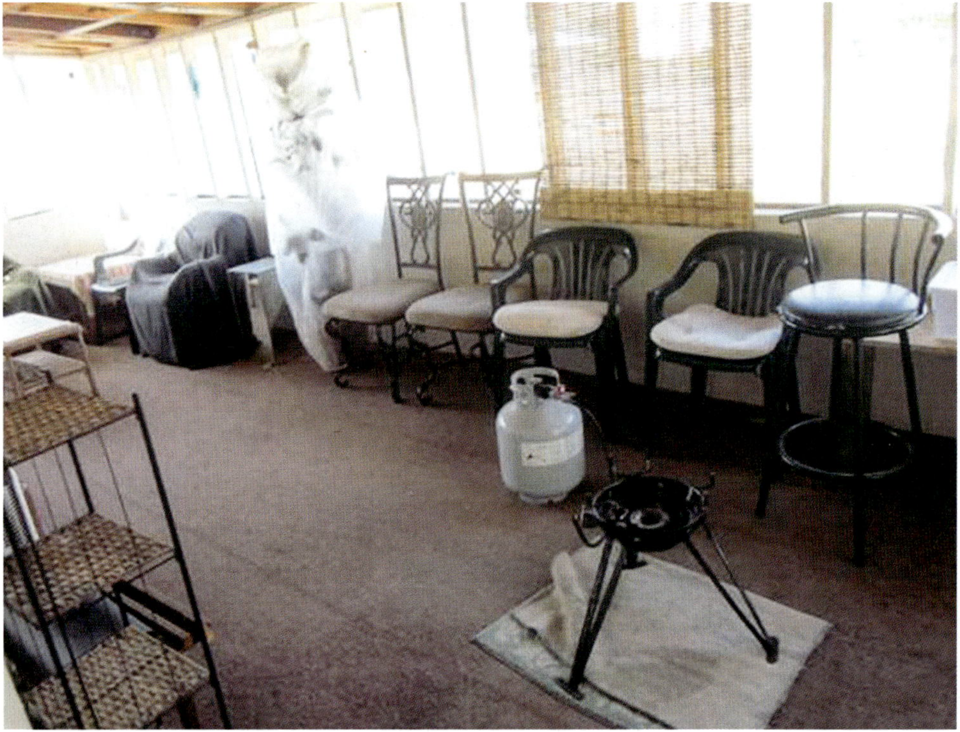

Alles war bereit für Tommis neuesten Versuch, vom behaglichen Wohnzimmer aus ins Weltall zu fliegen.

Laut Polizei wurde die Parterrewohnung zuletzt gestern Abend um 21 Uhr
im Gespräch mit zwei Männern gesehen.

Wissenschaftliche Tatsache:
Ist auf dem Foto der Kopf nicht zu sehen, so ist man praktisch unsichtbar.

Besonders bei großen Kleckermäulern kann eine multifunktionale Küche sinnvoll sein.

Ich kann nicht behaupten, dass ich sonderlich gut schlafe, aber das Aufstehen fällt mir wirklich leicht.

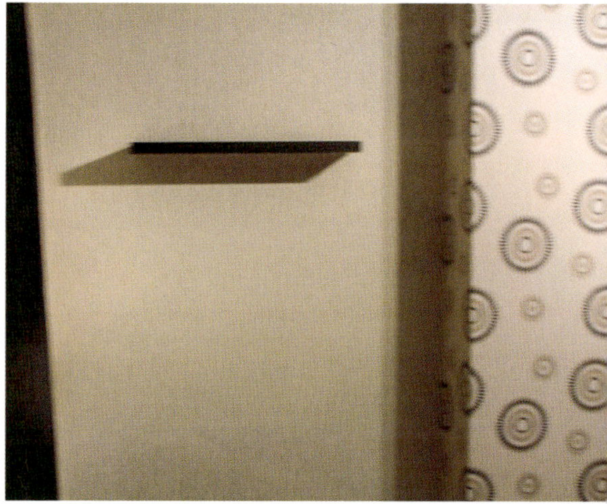

Das einsame Regal hatte alle Hoffnung aufgegeben, je bei Kreisspielen mitmachen zu dürfen.

Die Küche ist mit der
neuesten Wasserspartechnik
ausgestattet.

△ »Wir wollten uns einen größeren Fernseher holen, aber der hätte dann zu sehr den Raum dominiert.«

◁ Die Wissenschaft hält die Entstehung dieser neuartigen Wesen für »besorgniserregend« und versucht derzeit zu ermitteln, ob sie in der Lage sind, zu kommunizieren.

Seinen Lebensabend verbrachte Yogi Bär als brotloser, opiumsüchtiger Künstler.

△ Opa meint, du kannst alles haben, was in diesem Zimmer steht, und du brauchst dich nicht mal dafür zu bedanken.

◁ Steht derzeit zur Diskussion als olympische Disziplin: das 50-Meter-Klo.

In vornehmeren Häusern dürfen Klorollenreicher zwischendurch sogar Platz nehmen.

Der kluge Einsatz von Filtern kann dem Bild eine Atmosphäre von dunkler Bedrohung verleihen, die sich sonst nur schwer vermitteln lässt.

Diesen Filter nennen wir »atomarer Winter«.

Eine Zielscheibe kann durchaus nützlich sein, allerdings nicht auf dem *herunter*geklappten Klositz.

Leider haben wir nichts, wo wir die Kartons reinpacken können.

Eine echte Gelegenheit für Fans der sensorischen Isolation.

Der Preis für diese Immobilie hat sich kürzlich verdoppelt.

◁ Die Standseilheizung, am meisten verbreitet in Österreich und der Schweiz.

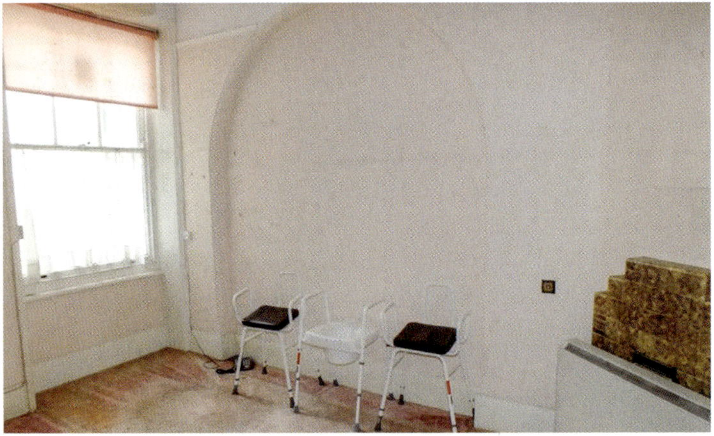

Wenn niemand guckt, jagen Albert und seine Freunde übermütig durchs Wohnzimmer.

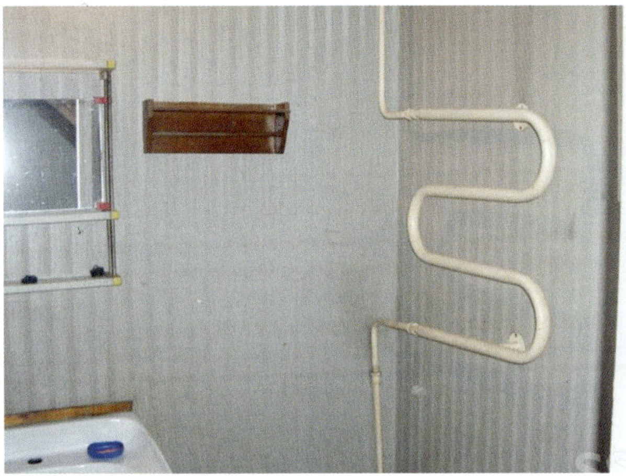

Dirk gehört der Klempner-Experimentalschule an.

Wenn ich sage, es gibt genügend Platz, dann gibt es genügend Platz.

Ich glaub, den hab ich schon mal gesehen.

Die Polizei geht davon aus, die Täter einer kürzlichen Einbruchsserie gefunden zu haben.

Die Immobilie eignet sich hervorragend für Hobbygärtner und Absolventen eines Dschungel-Survival-Trainings.

Ideal, wenn Sie die Art von Flecken, die gemeinhin mit Zerstückelungen einhergehen, vermeiden möchten.

So schnell, wie sie begonnen hatte, war die Schlacht wieder vorüber,
der Zaun geschlagen, der Tisch siegreich.

Der neueste Trend aus Berlin: mehrdimensionale Mahlzeiten.

Als von der Zubereitung
eines grünen Salats gemunkelt
wurde, gerieten einige
der Paprikas in Panik.

Es gibt leider keinen Anschluss für eine Waschmaschine, wir haben alle Fabrikate getestet.

Mir egal, wie herum es schaut. Bis wir hier eingezogen sind, ist das Ding weg!

Die Verkäufer haben uns versichert, dass der Kamin jetzt satt sei.

Optimal für ein gutes Raumklima ist eine relative Feuchtigkeit zwischen 90 und 100 %.

Fassen Sie nichts an,
bis die Polizei da ist.

Ein ganz besonderer Idiot ist der, der sich vom Blitz der eigenen Kamera überraschen lässt.

Daher der Ausdruck: »Nervig, wie wenn jemand an der Stange tanzt, während ich fernsehe.«

Wenn die uns jemals anschließen, tun wir so, als ob wir nicht funktionieren, ja?

Seit Makler begonnen haben, die von ihnen vermarkteten Immobilien abzulichten, hat ein architektonisches Merkmal sie ganz besonders in seinen Bann gezogen und den Rest der Welt mit einem großen Fragezeichen zurückgelassen.
Im Laufe der Zeit hat sie der unentrinnbaren Bedeutungslosigkeit des Daseins sowie der Lausigkeit von Maklerfotos eine konkrete Form gegeben: **die öde Ecke.**

Kaum zu glauben, aber wahr: Das restliche Zimmer war noch uninteressanter.

Keine Ahnung, was das ist, aber wenn da gleich irgendwelche kleinen Dinger rauskommen, rennen Sie um Ihr Leben!

Der Stuhl der Einsamkeit

Einsamkeit, Furcht, Verzweiflung, Isolation, Kummer, Resignation, Ennui. Das Herz von Stühlen ist nicht aus Stein. Auch sie beweinen verpasste Gelegenheiten, auch sie wünschten, sie könnten die Zeit zurückdrehen.

Stuhl der Verlassenheit sinniert darüber, was in seinem Leben schiefgelaufen ist.
Lieber nicht stören.

Stuhl der Einsamkeit betrachtet wissend einen Tretroller der Traurigkeit.